Irmgard Dose

Weihnachtssterne

Irmgard Dose

Weihnachtssterne

Fröbelsterne & Co. • schneiden • falten • flechten

Mit Schritt-für-Schritt-Anleitungen

Inhalt

Vorwort

Ich bin fasziniert von Papier und dem Umgang damit, ich bin fasziniert von der Fülle der Sorten, Farben und Qualitäten, die es gibt. Es kribbelt förmlich in meinen Händen, wenn ich in einem Bastelladen vor einem gut bestückten Papierregal stehe.

Die Arbeit mit Papier stellt eine hohe Anforderung an Genauigkeit und Sorgfalt. Wetten, dass diese Herausforderung auch Ihnen Spaß machen wird?

Aber Vorsicht! Manche Sterne und Anregungen dieses Buches machen süchtig. Sie können nicht genug davon arbeiten, weil Sie immer wieder jemanden finden werden, dem Sie Ihr Erzeugnis schenken möchten.

Wie wäre es, wenn in der Vor-Vor-Weihnachtszeit – ich meine den Spätherbst mit Dauerregen und Nebel – in Ihrer Familie die Bastelzeit beginnen würde?

Wenn Vater unlustig ist, backt er ja vielleicht die Waffeln und kocht den Tee für die Pause. Vielleicht kann Vater ja auch etwas vorlesen oder es wird die Lieblings-CD aufgelegt.

Ich wünsche Ihnen beim Nacharbeiten der Modelle viel Freude und viele kreative Stunden im Familien- und Freundeskreis.

Ihre
Irmgard Dose

Materialkunde

Die Sterne, die in diesem Buch gebastelt werden, bestehen hauptsächlich aus Tonpapier- und Fotokartonstreifen.
In Schreibwaren- und Bastelläden finden Sie oft auch fertig geschnittene Streifen, meistens aber nur in der Vorweihnachtszeit unter dem Namen »Fröbelstern-Streifen«. Die Auswahl an Farben und Breiten ist hier allerdings nicht besonders groß.
Sie können die Streifen natürlich auch selbst zuschneiden. Sie benötigen dazu Tonpapier (130 g/m²) und Fotokarton (300 g/m²) in Ihren Lieblingsfarben. Die Auswahl fällt sicher recht schwer, gilt es doch, in guten Bastelläden sich zwischen mindestens 30 Farbtönen zu entscheiden. Außerdem können Sie noch unter gestreiftem, gepunktetem, kariertem, mit Herzchen oder anderen Motiven bedrucktem Material in gleichen Qualitäten wählen.

Was ist aber nun Papier und was Karton und was bedeutet g/m²?
Die Gewichtsangabe bezieht sich auf einen Quadratmeter des jeweiligen Materials. Das heißt also, dass ein Quadratmeter Tonpapier 130 Gramm wiegt.
Zum Vergleich: Schreibpapier oder Kopierpapier in normaler Qualität wiegt 70 oder 80 Gramm pro Quadratmeter.
Bis zu einem Gewicht von etwa 150 g/m² wird allgemein von »Papier« gesprochen. Was darüber hinaus geht, nennt sich dann »Karton«. Postkartenkarton hat ein Gewicht von 170 bis 190 g/m², Fotokarton wiegt 300 g/m².

Das steht auf dem Einkaufszettel

- Tonpapier (130 g/m²) und Fotokarton (300 g/m²) besorgen Sie sich in den Farben, die zu Ihrer Einrichtung passen.
- Bei der Auswahl des Klebstoffs müssen Sie kritisch sein. Sie sollten hauptsächlich Weißleim verwenden, der eigentlich für Holzarbeiten gedacht ist. Transparente so genannte »Schnellkleber« verursachen hässliche Flecken auf dem Papier. Viele Sorten hinterlassen dann auch noch einen Ziehfaden, wenn man den Klebstoff aus der Tube gedrückt hat. Klebstoff in Stiftform hat den Nachteil, dass man den Klebstoff nicht gezielt und genau genug anbringen kann.
- Fäden oder Kordeln benötigen Sie zum Auffädeln und Anhängen der gebastelten Sterne.
- Für manche Objekte werden Holzperlen unterschiedlicher Größe und Farben verlangt. Ihr Durchmesser beträgt etwa 6 bis 10 mm. Die Betonung muss nicht auf »Holz« liegen. Durchstöbern Sie Ihren Bastelfundus! Porzellan-, Glas- oder Wachsperlen tun den gleichen Dienst.
- Selbstklebende Gold- und Silbersternchen geben Papiersternen das letzte Tüpfelchen auf dem i.
- Für einige Anregungen benötigen Sie ein paar Weihnachtsbaumkugeln.

Diese Hilfsmittel benötigen Sie

- Schneideunterlage (mindestens 35 x 50 cm)
- Metalllineal (mindestens 50 cm lang)
- stabiler Cutter mit breiter Klinge
- lange und kurze scharfe Schere (evtl. auch Zacken- oder Wellenschnitt-Schere)
- Pinzette
- weicher und harter Bleistift
- Zirkel
- Zahnstocher oder Schaschlikstäbchen
- Stopf-, Näh- und Stecknadeln
- einige Büro- und Wäscheklammern
- Bleistift, Anspitzer, Radiergummi
- Klebefilm
- Styropor oder Schaumgummi als Klebeunterlage
- etwas Plastikfolie als Klebeschutz
- Heftapparat
- eventuell Nähmaschine

Grundtechniken

Streifen schneiden

Cutter, Schneideunterlage und Lineal leisten gute Dienste

Um saubere Streifen schneiden zu können, benötigen Sie einen stabilen Cutter mit breiter Klinge, außerdem eine Schneideunterlage und ein Metalllineal. In ein Holz- oder Kunststofflineal werden Sie mit Sicherheit früher oder später mit dem Cutter einschneiden, dann gibt es keinen glatten Schnitt mehr.

Das für die Herstellung der Sterne verwendete Papier oder der Karton hat an einer Seite immer eine Länge von 50 cm. Deshalb müssen Schneideunterlage und Lineal auch mindestens so lang sein. Mit einem kürzeren Lineal, das man weiterschieben muss, lassen sich kaum gerade Streifen schneiden. Ein gutes **Lineal** mit mm-Einteilung und rutschfester Unterseite hat seinen Preis. Es geht aber auch wesentlich billiger mit einer einfachen Alu-Schiene, die meist in 1-m-Längen in Baumärkten zu erhalten ist. Beachten Sie aber bitte: Die Schiene muss mindestens 4 cm breit und mindestens 0,3 cm dick sein. Die Alu-Schiene wird rutschfest, wenn Sie auf die Unterseite einen dünnen Moosgummistreifen kleben.

Weiterhin brauchen Sie eine **Schneideunterlage.** Sie ist schnittfest und fast unverwüstlich. Sie leistet mit ihren aufgedruckten Rastern und Maßangaben bei vielen Arbeiten einen großen Dienst. Leider müssen Sie jedoch für eine Schneideunterlage viel Geld ausgeben.

Es gibt aber auch hier einen recht guten Ersatz. Fast überall in Schreibwaren- und Bastelläden können Sie stabile Pappe kaufen. Diese muss 2,5 oder 3 mm dick und sehr hart sein, wie zum Beispiel Grau- oder Buchbinderpappe. Achten Sie beim Kauf darauf, dass die Pappe absolut eben und beulenfrei ist, damit sie ohne zu federn auf Ihrer Arbeitsfläche fest aufliegt.

Letztendlich bieten sich als Schneideunterlage auch Linoleumreste an, die Sie im Teppichgeschäft erhalten. Weil Linoleum von der Rolle kommt, liegt es nicht flach auf. Damit es plan liegt, muss es auf einen stabilen Untergrund (zum Beispiel eine Holzspanplatte) geklebt werden.

So schneiden Sie richtig

Das Schneiden der Streifen ist Übungssache, aber doch recht einfach. Halten Sie den Cutter immer senkrecht zum Körper. Mit der linken Hand wird das Lineal angedrückt und mit der rechten Hand der Cutter geführt.

Schneiden Sie aber die Streifen niemals nach Augenmaß. Diese werden sonst in jedem Fall keilförmig. Richtig ist es, oben und unten am Material mit sehr spitzem Bleistift oder mit der Cutterspitze genau die Breite zu markieren.

Da Sie meistens zwei oder vier Streifen gleicher Breite benötigen, sollten Sie diese immer auf einmal aus der richtigen Menge übereinander liegenden Materials zuschneiden. Verrutscht die Papier- oder Kartonlage, wird sie fixiert, indem Sie ein kleines Stück Klebefilm oben und unten um die Kante des Stapels kleben. Seien Sie aber nicht zu mutig! Mehr als vier aufeinander liegende Materialbogen sollten Sie auf keinen Fall zuschneiden.

Vorlagen übertragen

*Die wenigen Vorlagen, die nötig sind, um die Anregungen in diesem Buch nachzuarbeiten, sind nicht auf einem Vorlagenbogen extra beigelegt.
Sie finden diese Vorlagen bei der jeweiligen Anleitung.*

Wie bringen Sie die Vorlage auf Ihr Material?

1. Die schlechteste Lösung: Seite herausreißen und mit Blau- oder Kohlepapier auf das Material übertragen. Dies hat den Nachteil, dass Sie Ihr Buch beschädigen und dass die Durchpauslinien auf dem Material nicht radierbar sind. Wenn Sie schon zu dieser Methode greifen, sollten Sie sich ein Blatt »Graphitpapier« besorgen; dann sind jedenfalls alle Linien wieder auszuradieren.

2. Sie legen ein Stück transparentes Millimeterpapier auf die Vorlage. Durch Auszählen der Quadrate übertragen Sie dann die Vorlage in der gewünschten Größe auf ein Blatt kariertes Papier. Diese Vorlage können Sie dann gemäß den beiden Vorschlägen unter Punkt 3 auf Ihr Material übertragen.

3. Die Profi-Lösung: Durchsichtiges Papier (Seidenpapier, Frühstückspapier, Transparentpapier usw.) auf die Buchvorlage legen und mit Bleistift nachzeichnen. Dann entweder diese »Pause« auf das benötigte Material legen und mit Kugelschreiber unter mäßigem Druck die Linien durchprägen. Oder besser die Rückseite dieser »Pause« im Bereich der Linien mit weichem Bleistift schwärzen, umdrehen und mit leichtem Druck eines Kugelschreibers die Linien auf das Material übertragen.

4. Einfach zum nächsten Fotokopierer eilen und die Vorlage kopieren (Sie können dabei auf den meisten Geräten auch die Größe verändern, wenn dies erforderlich ist), danach fortfahren, wie unter Punkt 3 beschrieben.

5. Vertrauen Sie Ihrer eigenen Kreativität und ignorieren Sie die mit Zirkel und Lineal gemachten Vorlagen. Sie halten sich nur in etwa an die Größen und entwickeln Ihre eigenen Ideen.

Fröbelsterne falten

1. Schritt
Vier Streifen, ca. 45 cm lang und ca. 1,5 cm breit, mittig falten. Die Enden etwas schräg schneiden. Das erleichtert später das Durchziehen.

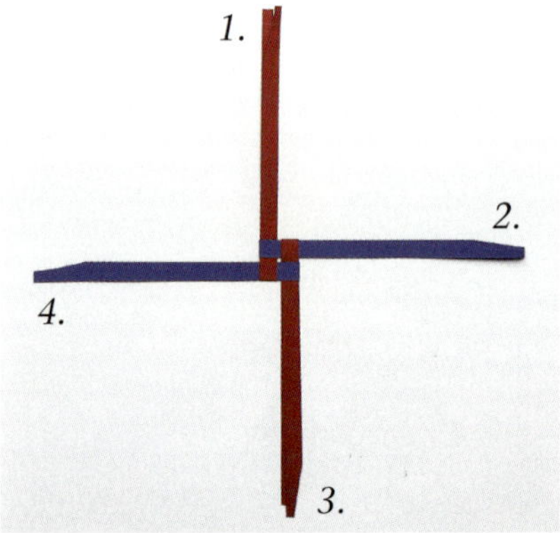

Streifen 1 in der linken Hand mit dem geschlossenen Ende nach unten halten. Streifen 2 mit der rechten Hand um Streifen 1 legen. Das offene Ende zeigt nach rechts. Mit der linken Hand beide Streifen festhalten.
Streifen 3 über Streifen 2 hängen. Alle drei Streifen mit links halten. Streifen 4 um Streifen 3 legen und die Enden in die Schlaufe von Streifen 1 stecken.
Das entstandene gewebte Kreuz zu einem Quadrat zusammenschieben. In der Mitte muss ein Loch von etwa 1 mm bleiben.

2. Schritt
Für diesen Arbeitsgang nehmen Sie nur die jeweils oben liegenden Streifenhälften.

Streifen 1 (oben links) nach unten knicken, den linken Streifen (4) nach rechts darüber legen, den

rechten nach unten zeigenden Streifen (3) nach oben knicken, den nach rechts zeigenden Streifen (2) nach links knicken und durch das Laschenquadrat von Streifen 1 schieben.

Nun haben Sie ein fest zusammengefügtes Quadrat, aus dessen einzelnen vier kleinen Quadraten jeweils ein Streifenende heraussteht.

3. Schritt
In der linken Hand das Quadrat halten und mit der rechten oberen Streifenhälfte beginnen. Diesen Streifen nach hinten umschlagen und ein Dreieck bilden. Das Ende muss jetzt parallel zum rechten oberen Streifen liegen.

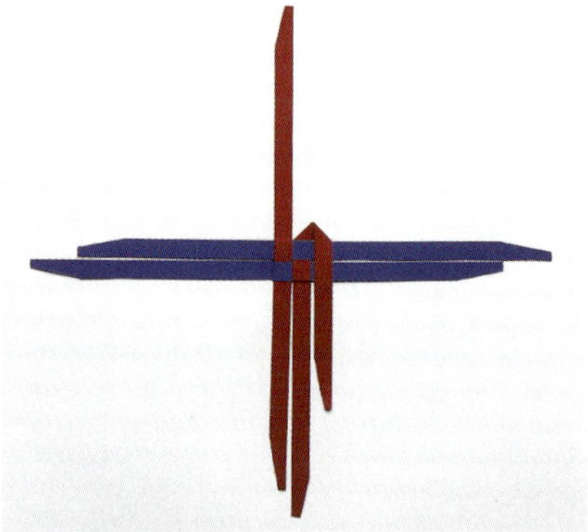

4. Schritt
Den gleichen Streifen jetzt nach vorne legen und dabei wieder ein Dreieck bilden. Das Streifenende muss nun parallel zum unteren rechten Streifen liegen. Zwischen den Dreiecken einen schmalen Spalt lassen, damit sich diese gut zusammenlegen lassen.

5. Schritt
Das rechte Dreieck auf das linke Dreieck falten. Die entstandene Zacke etwas nach hinten biegen und das Streifenende durch die Lasche des darunter liegenden Quadrats schieben.

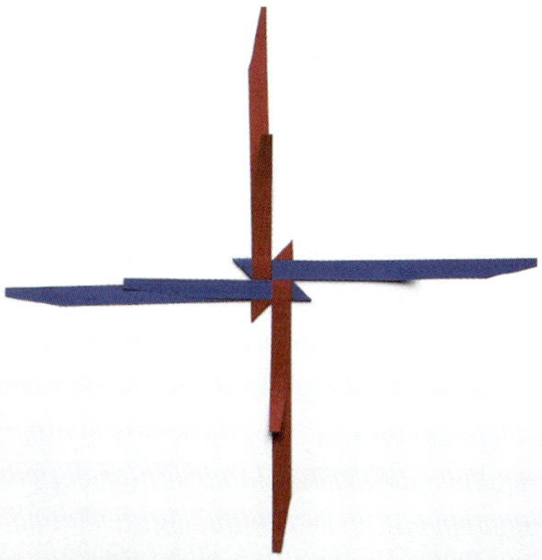

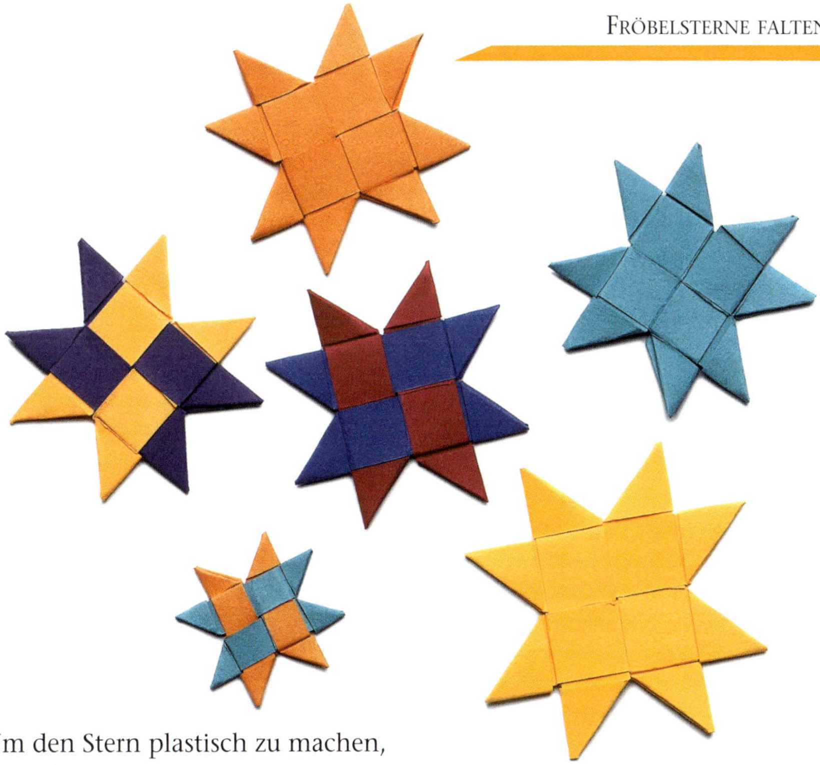

Das Ganze um 90 Grad nach links drehen und mit dem rechten Streifen den Arbeitsgang wiederholen. Die gleichen Schritte mit den nächsten beiden Streifen wiederholen. Achtung: Die Lasche, durch die das Streifenende des Dreiecks jeweils gezogen werden muss, liegt immer unterhalb des nach rechts zeigenden kurzen Streifenendes.

Um den Stern plastisch zu machen, folgt der

6. Schritt

Den Stern wieder in der linken Hand halten. Den rechten oberen Streifen knicken Sie nach links stramm um. Jetzt den unteren rechten Streifen senkrecht hochbiegen. Mit dem Daumennagel der linken Hand halten Sie den Streifen in der Sternmitte senkrecht hoch. Nehmen Sie den hochstehenden Streifen zwischen Daumen und Zeigefinger der rechten Hand und drehen den Streifen nach rechts. Es ist eine spitze Tüte entstanden. Biegen Sie den Streifen, ohne ihn zu knicken, die Drehung fortführend, nach links und schieben das Ende durch den Schlitz unter dem zuerst umgeknickten Streifen. Das Streifenende kommt nun auf der linken Seite des Sternes aus der oberen Zacke hervor. Ziehen Sie ihn vorsichtig weiter heraus bis sich die hochstehende Zackenspitze geformt hat. Jetzt die Arbeit um 90 Grad nach links drehen und ebenso die nächste Spitze formen. Mit Spitzen 3 und 4 genauso verfahren.

Sind die ersten vier Ecken des Sterns fertig, drehen Sie das Ganze um und formen, wieder mit dem oberen rechten Streifen beginnend, die nächsten vier Ecken.

Sie haben jetzt einen achtzackigen Stern hergestellt. Soll der Stern so bleiben, schneiden Sie nun die Streifen dort, wo sie aus den Durchstecklaschen ragen, ab.

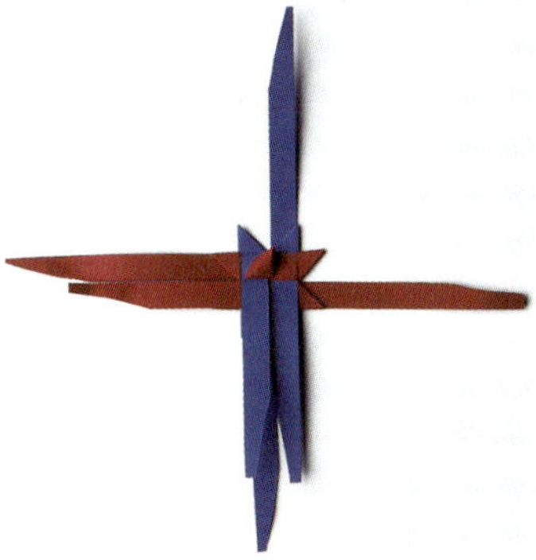

Der nun halb fertige Fröbelstern ist in diesem Stadium, wenn Sie die Streifenenden abschneiden, für einige Anregungen aus diesem Buch zu verwenden.

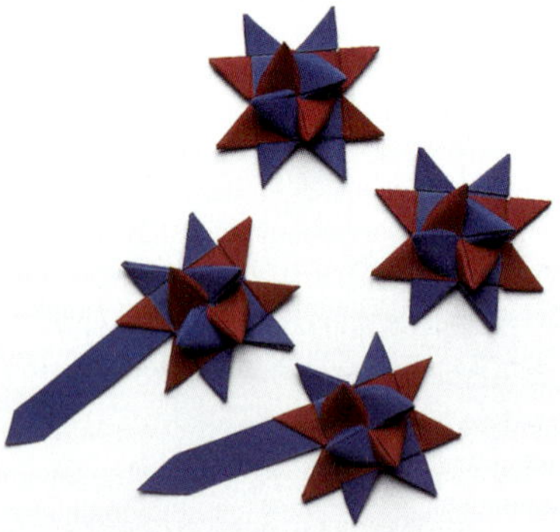

Um den Fröbelstern zu vollenden, drehen Sie das Ganze jetzt um und beginnen wieder mit dem 6. Schritt.

Die Streifenenden verschwinden, indem Sie diese etwas aus der

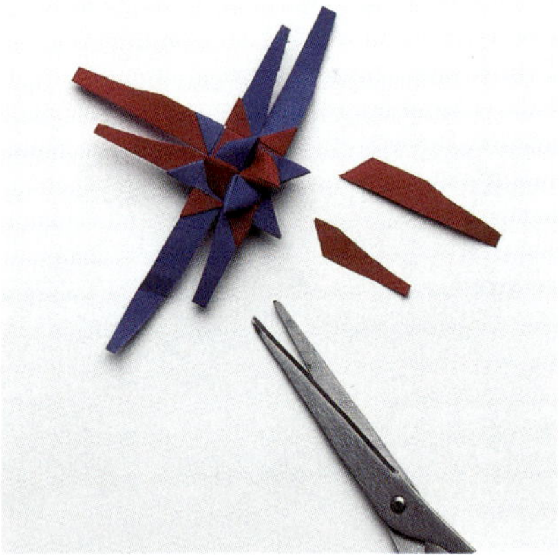

Zackenspitze herausziehen, festhalten und exakt an der Zackenkante abschneiden.

Tipp

Um ärgerliche Fehlschläge zu vermeiden, können Sie die erforderliche Streifenlänge für einen Fröbelstern leicht errechnen. Multiplizieren Sie die gewünschte Streifenbreite einfach mit 30. Beispiel: 1 cm Streifenbreite x 30 = 30 cm erforderliche Streifenlänge.

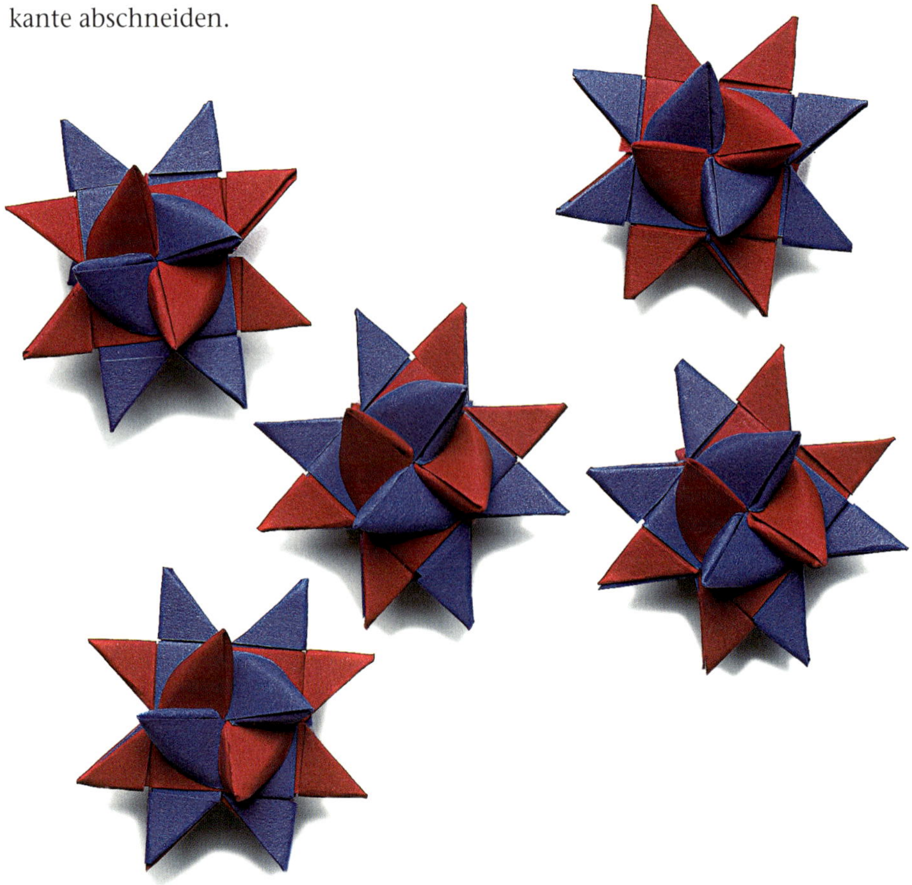

Übrigens

Friedrich FRÖBEL (1782 – 1852) war ein deutscher Pädagoge. Er machte sich um die Erziehung noch nicht schulpflichtiger Kinder verdient. Bereits 1837 gründete er den ersten Kindergarten. Im Rahmen seiner Beschäftigungsspiele entwickelte er den »Fröbelstern«, der auch heute noch gern gebastelt wird.

Tüten kleben

Für die Tütensterne verwenden Sie entweder Tonpapier- oder Fotokartonstreifen. Diese müssen für das jeweilige Modell unbedingt gleich lang sein. Die benötigte Streifenmenge schneiden Sie entsprechend der Arbeitsanleitung in einem Arbeitsgang in gleicher Länge zu.

Geschlossene Tüten

Die geschlossenen Tüten entstehen, indem Sie die Unterseite des Streifens durch halbes Drehen auf die Oberseite des Streifens kleben. Geben Sie zunächst mit einem Zahnstocher eine dünne Klebstoffschicht auf die Klebestelle.

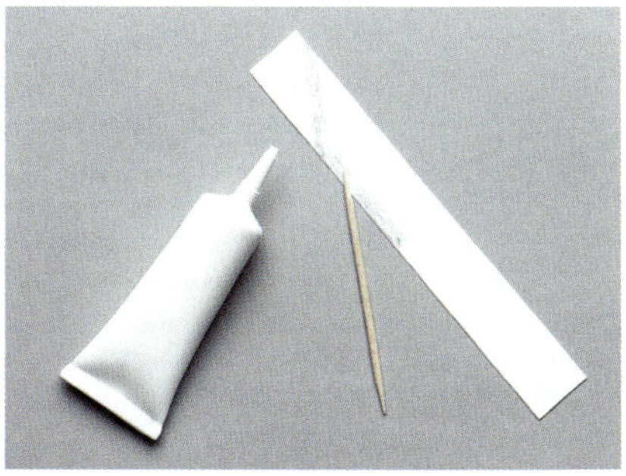

Halten Sie die Oberkante des Streifens links und rechts zwischen Daumen und Zeigefinger jeder Hand. Die Klebstoffkante liegt links unten. Biegen Sie den Streifen so als wollten Sie ihn zusammenfalten und verdrehen dabei das rechte Streifenende. Die rechte Ecke der oberen Streifenhälfte wird genau auf die linke Ecke der unteren Streifenhälfte gelegt, mit der linken Hand die Ecken festhalten und zwischen Daumen und Zeigefinger der rechten Hand die Tütenspitze formen.
Achten Sie unbedingt darauf, dass die im Bild markierten Ecken genau aufeinander liegen, weil sonst die Tüten unterschiedlich groß werden. (Siehe Abb. unten)

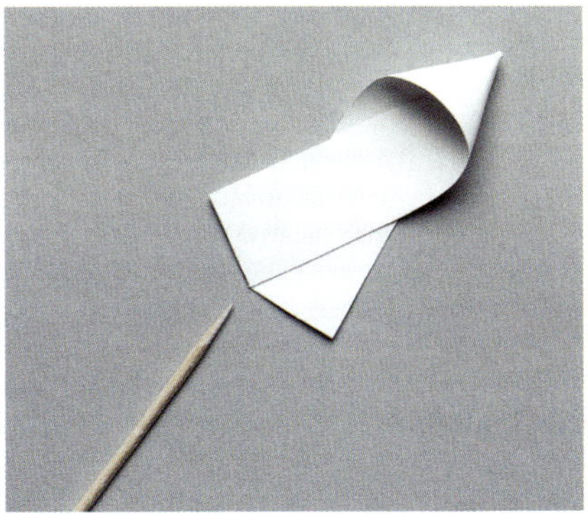

Erst nachdem der Kleber gut abgebunden hat, schneiden Sie mit der Schere die überstehenden Enden ab.

Tipp

Sperrt sich das Material und will es sich nicht so recht formen lassen, ziehen Sie die Mitte des Papierstreifens vor der Klebstoffzugabe über den Scherenrücken. Indem Sie die geschlossene Schere in der rechten Hand halten, üben Sie mit dem Daumen leichten Druck auf den von der linken Hand über den Scherenrücken nach unten gezogenen Papierstreifen aus.

Gut proportionierte Tüten in anderen Größen erhalten Sie, wenn Sie die gewünschte Streifenbreite mit 7 multiplizieren (Beispiel 2,5 cm Streifenbreite x 7 = 17,5 cm = fertige Tütenlänge ca. 8,5 cm).

Offene Tüten

Die offenen Tüten entstehen genau wie die geschlossenen, nur mit dem Unterschied, dass die Enden der Streifen jetzt nicht spitz aufeinander geklebt werden, sondern genau im rechten Winkel zueinander.

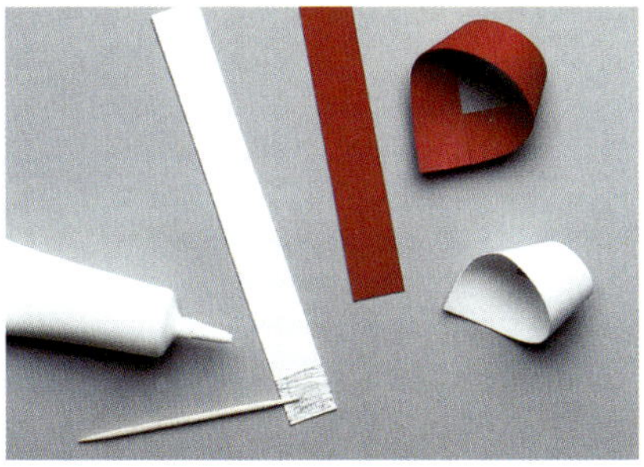

Die offenen Tüten lassen sich sehr gut aus Fotokarton herstellen. Sie sind dann recht stabil. Ein ideales Maß ist 1,4 cm Breite und 12 cm Länge. Die Maße für die Anregungen des Buches entnehmen Sie bitte den jeweiligen Anleitungen.

Bastelideen mit Fröbelsternen

Wenn Sie die Fröbelsterne jetzt schon im Schlaf falten können, wird es Ihnen Spaß machen, aus vielen Einzelsternen einen dekorativen Weihnachtsschmuck zu basteln. Der Fröbelstern im Quadrat und der Fröbelsternkranz wirken zum Beispiel als Einzelstücke am Fenster, an der Wand oder am Weihnachtsbaum. Aber auch als Mitbringsel werden die beiden Schmuckstücke bestimmt nicht verachtet.

Fröbelsterne im Quadrat

Material

- *8 oder 12 Fröbelsterne*
- *Klebstoff*
- *Aufhängefaden*
- *Zahnstocher*

So wird's gemacht

Acht oder zwölf Sterne aus etwa 1,2 cm breiten Tonpapierstreifen herstellen.
Ob Sie alle Sterne in »Ihrer Farbe« oder bunt durcheinander nehmen, ist Ihrem Geschmack überlassen.

Für das Muster aus acht Sternen schieben Sie zunächst die Zacken von drei Sternen ineinander. Danach in den ersten und letzten Stern seitlich im rechten Winkel je einen weiteren Stern anfügen und dann wieder eine Dreierkette seitlich einschieben.
Legen Sie die Sterne vorher in der geplanten Anordnung hin, denn Sie werden gemerkt haben, dass nicht alle Spitzenseiten zusammenfügbar sind. Beim Falten entstehen

zwei verschiedene Zackenbreiten, die sich gegenüberliegen. Die etwas engere Seite muss in die Seite mit den weiteren Abständen geschoben werden.
Am einfachsten geht dies, wenn Sie die großen Zacken mit der Scherenspitze etwas aufweiten, per Zahnstocher wenig Kleber an das enge Spitzenpaar einer Seite des nächsten Sterns geben und den Stern einfügen. Schieben Sie die Zacken so hinein, dass das Loch zwischen den Spitzen ein Quadrat bildet. Achten sie darauf, dass bei allen Klebestellen das Quadrat gleich groß wird. Drücken Sie alle Klebestellen vorsichtig etwas an.

Tipps

Mit schmäleren oder breiteren Streifen können sie die Größe Ihres Sternengebildes verändern. Mehr als vier Sterne Kantenlänge sind nicht zu empfehlen.
Sie können das Quadrat aus Fröbelsternen auch noch mit einem weiteren Stern oder einer Weihnachtskugel verzieren, indem Sie diese(n) in die Mitte hängen. Oder Sie kleben in jeden einzelnen Fröbelstern eine Perle und setzen an den Sternenspitzen nochmals vier Sterne an.

Fröbelstern-kranz

Material

- *8 Fröbelsterne*
- *Aufhängefaden*
- *Klebstoff*

Nachdem der Klebstoff der vier Sternenpaare getrocknet ist, fügen Sie diese zu einem Kreis zusammen. Vorher hinlegen und die richtigen Seiten (enge Spitzen, weite Spitzen) durch Drehen der Sternenpaare suchen. Kleben Sie die Sterne wieder, wie oben beschrieben, zusammen.

So wird's gemacht

Fügen Sie zunächst vier mal zwei Sterne zusammen, indem Sie eine Seite mit eng zusammenstehenden Spitzen mit wenig Kleber versehen und in den nächsten Stern in eine Seite mit weit auseinander stehenden Zacken schieben. Dies geht am besten, wenn Sie die weit auseinander stehenden Zacken mit der Scherenspitze etwas aufweiten. Achten Sie darauf, dass nach dem Zusammenkleben eine gerade Linie zu den gegenüberliegenden Zacken der beiden Sterne führt.

Tipp

Sie können Ihren Sternenkranz zum Schluss auch noch mit Perlen oder einem zweiten äußeren Sternenkranz verändern.

Fröbelsterne als Weihnachtsbaum- und Raumschmuck

Material

- *Fröbelsterne in Bunt oder Einfarbig*
- *Holzperlen in Natur oder Bunt, 6 mm und 8 mm Durchmesser*
- *Perlen in Silber, in beliebiger Größe*
- *Weihnachtsbaumkugeln in Silber*
- *Gold- und Silberfaden*
- *Stopfnadel*

So wird's gemacht

Einzelhänger

Ziehen Sie einen etwa 40 cm langen Goldfaden bis zur Mitte durch eine 6 mm große Perle Ihrer Wahl. Legen Sie dann beide Fadenenden zusammen und ziehen Sie diese durch eine 8 mm große Perle. Anschließend ziehen Sie noch eine 6 mm große Perle auf. (Sie können natürlich auch mehr als drei Perlen auffädeln.)
Als Nächstes ziehen Sie mit einer langen Stopfnadel diagonal durch einen Fröbelstern von Spitze zu Spitze das Fadenpaar hindurch und fädeln wieder eine 6 mm, eine 8 mm und eine 6 mm große Perle auf.
Die Goldfäden verknoten Sie zum Schluss mit einer etwa 5 cm langen Schlaufe.

Sternenkette

Versehen Sie einen Goldfaden an einem Ende mit einer etwa 3 cm langen Schlaufe. Fädeln Sie dann eine 6 mm, eine 8 mm und wieder eine 6 mm große Perle auf. Rutscht die oberste Perle über den Knoten der Schlaufe, einfach den Knoten verdoppeln.
Jetzt ziehen Sie mit einer langen Stopfnadel den Faden quer durch den Stern von Spitze zu Spitze. Wieder mit einer 6 mm, einer 8 mm und einer 6 mm großen Perle den Abstand zum nächsten Stern herstellen und dann so fortfahren, bis die gewünschte Länge der Kette erreicht ist.

Tipps

Eine lange Fröbelsternkette sieht auch sehr schön am Fenster aus, wenn Sie links und rechts ein gleich langes Ende herabhängen und die Mitte je nach Fensterhöhe durchhängen lassen.
Eine Endloskette, in einzelnen Bogen über die Zweige eines Weihnachtsbaums gehängt, macht Ihren Baum zu einer regelrechten Attraktion. Ideal dazu passen Strohsterne.

Sternenkette mit Silberkugel

Basteln Sie Fröbelsternketten immer mit einer oder mehreren Perlen dazwischen. Stellen Sie die Ketten in unterschiedlichen Längen her. Jeweils am Ende einer Kette befestigen Sie eine Weihnachtsbaumkugel. Verwenden Sie am besten Kugeln mit unterschiedlichen Größen.

Tipps

Um Sterne und Perlen auf richtigem Abstand zu halten, fertig aufgefädelte Kette auf dem Tisch ausrichten und mit etwas Klebstoff, per Zahnstocher auf den Faden gebracht, fixieren.
Die Ketten verleihen auch jedem Treppenhaus oder Zimmer einen vorweihnachtlichen Zauber.

Fröbelstern-Tischdekorationen

Material

- *Fröbelsterne*
- *Klebstoff*
- *Leinen- oder Lackfolienband, ca. 10 cm breit*
- *Fotokartonreste, passend zur Tischdecke und zum Geschirr*

Tischkarte

Ein ca. 6 x 12 cm großer Fotokarton wird gerade oder mit der Zackenschere beschnitten und mit einem nur einseitig fertig gestellten Fröbelstern beklebt. Noch den Namen mit hübscher Schrift drauf – fertig!

Serviettenring

Einen ca. 3 x 13 cm großen Fotokarton- oder Wellpappestreifen zu einem Ring verkleben. Ein nur einseitig fertig gestellter Fröbelstern auf der Klebestelle des Rings vollendet schon das Werk.

Tischband

Ein Leinen- oder Lackfolienband von etwa 10 cm Breite auf Tischlänge besorgen. In regelmäßigen Abständen, oder wie es Ihnen gefällt, mit einseitig fertig gestellten Fröbelsternen bekleben.

Natürlich können Sie die Fröbelsterne auch lose auf dem Band verteilen. Wetten, dass dann nur noch wenige Sterne auf dem Tisch liegen bleiben werden? So hübsche Dekorationsstücke werden gerne als Andenken und Anregung mitgenommen.

Tipp

Auch die Fröbelsternkette von Seite 20 lässt sich gut als Tischdekoration verwenden.

Weitere Anregungen zur Verwendung von Fröbel-sternen

Flache Fröbelsterne eignen sich als Verzierung auf Briefbögen, als Siegel auf einem verschlossenen Briefumschlag oder als kleine Überraschung, die lose im Brief beigelegt wird (Abb. rechts unten).

Bei einem einseitig fertig gestellten Stern können Sie einen Reststreifen als Zipfel aus einer Zacke stehen lassen und den Stern dann als Paketaufleger oder als Tischkarte (wenn der Zipfel entsprechend beschriftet wird) verwenden. Fertige Fröbelsterne lassen sich beliebig dekorieren zum Beispiel mit selbstklebenden Goldsternchen oder mit einer Perle in der Mitte. Wenn Sie die Streifenenden mit einer Wellen- oder Zackenschere abschneiden, erhalten Sie originelle Kunstwerke (Abb. links).

Oder wie wär's mit einer Sternenblume? Dafür verwenden Sie breitere Papierstreifen und befestigen den fertigen Stern mit Hilfe eines Schaschlikstäbchens in einem Blumentopf. Mit Schleife und anderen Beigaben dekoriert, ist der Stern ein hübsches Geschenk (Abb. rechts oben).

Auch als Stecker auf Adventskränzen oder anderen weihnachtlichen Dekorationen lassen sich Fröbelsterne gut verwenden.

Tütensterne

Wenn Sie erst mal am Kleben sind, werden Ihnen viele Verwendungs- und Dekorationsideen für diese attraktiven Sterne einfallen.

Stern aus geschlossenen Tüten

Material

- *Tonpapier*
- *einige Holzperlen, 6 oder 8 mm Durchmesser*
- *Klebstoff*
- *Aufhängefaden*

So wird's gemacht

Für den einseitigen Stern sechs Tüten, für den zweiseitigen zwölf Tüten (oder auch sieben und 14 Tüten) gleicher Größe und Farbe aus Tonpapier fertigen (Anleitung siehe Seite 13).
Für einen Stern mit 9 cm Durchmesser schneiden Sie sich Streifen mit 1,4 cm Breite und 9 cm Länge zu, für einen Stern mit 11 cm Durchmesser brauchen Sie 1,8 cm breite und 11 cm lange Streifen und für einen Stern mit 13 cm Durchmesser 2,4 cm breite und 13 cm lange Streifen.

Um die Tüten zu einem Stern zusammenzufügen, stellen Sie eine Tonpapierscheibe mit etwa 3,5 cm Durchmesser her. Nehmen Sie einfach ein Teelicht als Schablone. Versehen Sie dann sechs Tüten unterseitig an der geschlossenen Seite mit einer etwa 1,5 cm langen und 0,5 cm breiten dünnen Klebstoffschicht und legen Sie die Tüten von der Mitte des Kreises aus strahlenförmig auf die Tonpapierscheibe. Achten Sie darauf, dass die sich gegenüberliegenden Tüten eine gerade Linie bilden. In der Mitte darf kein Loch entstehen und die Tütenseiten müssen dicht aneinander liegen.

Beschweren oder festklammern, bis der Kleber trocken ist, wird schwierig, darum nehmen Sie lieber weniger Klebstoff und halten einen Augenblick mit den Fingerspitzen fest.
Der halbe Stern eignet sich gut als Paketaufleger oder für Tischdekorationen.

Haben Sie auch die zweite Sternhälfte geschafft, geben Sie etwas Klebstoff auf die Rückseite einer der Hälften und fixieren die Teile so, dass die Zackenspitzen der einen Seite zwischen den Zackenspitzen der anderen Seite liegen. Denken Sie daran, eventuell gleich eine Schlaufe zum Aufhängen mit einzukleben.

Tipps

Je nach gearbeiteter Größe und geplantem Verwendungszweck können Sie die Zacken mit in Schreibwaren- oder Bastelläden erhältlichen selbstklebenden Sternchen dekorieren. Eine Perle in der Mitte vervollständigt das Bild.

Experimentieren Sie doch auch einmal mit anderen Längen und Breiten. Das Ergebnis wird Sie überraschen!

Einfarbiger Kranz aus offenen Tüten

Material

- *Je Kranzhälfte 10 offene Tüten aus 10 cm langen und 1,2 cm breiten Fotokartonstreifen*
- *selbstklebende Sternchen*
- *Klebstoff*
- *Aufhängefaden*
- *Büroklammern*

So wird's gemacht

Basteln Sie als Erstes die offenen Tüten, wie auf Seite 13 beschrieben. Um den Ring herzustellen, müssen Sie zunächst immer nur zwei offene Tüten seitlich aneinander kleben, indem Sie in jeder Hand mit Daumen und Zeigefinger eine Tüte halten, mit den Zeigefingern die Spitzen der Tüten auf die Arbeitsunterlage halten und seitlich zusammenführen. Da, wo sich die Tüten berühren, ist die Klebestelle. Dort bringen Sie etwas Klebstoff an, drücken die Tüten zusammen und fixieren sie mit einer Büroklammer.
Wenn die fünf Tütenpaare trocken sind, fügen Sie zweimal zwei Paare zu jeweils einer Vierergruppe zusammen. Nach dem Trocknen verkleben Sie die beiden Vierergruppen zusammen mit dem übrig gebliebenen Einzelpaar zu einem Ring.

Haben Sie zwei Kranzhälften fertig gestellt, fügen Sie nun Rücken an Rücken entweder die Zacken versetzt oder auch aufeinander liegend zusammen.
Mit selbstklebenden Sternchen bekommt der Kranz noch den letzten Pfiff.

Tipps

Andere Kranzgrößen erhalten Sie, wenn die Streifen für die Tüten 1 cm breit und 9 cm lang oder 1,4 cm breit und 11 cm lang sind.
Wenn Sie Tüten aus goldenem und silbernem Tonpapier abwechselnd nebeneinander kleben, erhalten Sie einen besonders festlich aussehenden Kranz.

Zweifarbiger Kranz aus offenen Tüten

Material

- *20 offene Tüten aus 1,4 cm breiten und 10 cm langen Fotokartonstreifen*
- *20 andersfarbige offene Tüten aus 1,4 cm breiten und 9,5 cm langen Fotokartonstreifen*
- *Klebstoff*
- *Aufhängefaden*

So wird's gemacht

Stellen Sie zunächst die offenen Tüten, wie auf Seite 13 beschrieben, her. Die Streifen mit dem zweiten Maß ergeben die äußeren Tüten.

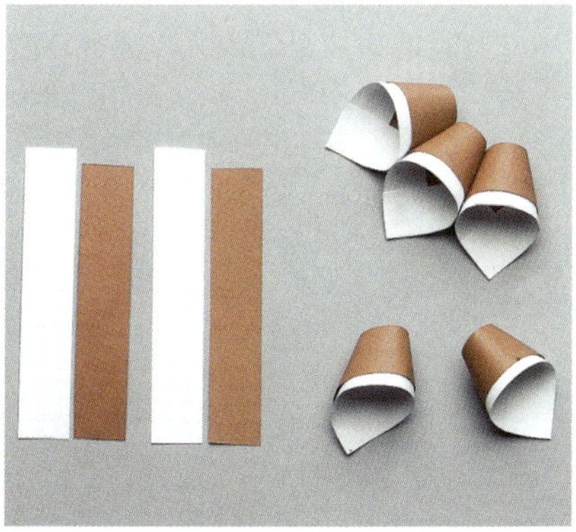

Wenn alle Einzeltüten fertig und gut getrocknet sind, beide Sorten ineinander stecken, um zu kontrollieren, ob alle gleich groß geraten sind. »Formatausreißer« besser neu arbeiten.
Danach jeweils eine längere Tüte in eine kürzere Tüte stecken und mit ganz wenig Kleber fixieren. Jetzt sehen Sie endgültig, ob Sie genau gearbeitet haben. Alle Tütenränder müssen gleich weit aus der kürzeren Tüte ragen.

Der Zusammenbau erfolgt dann, wie beim einfarbigen Kranz beschrieben.

Tipps

Wollen Sie kleinere Kränze, als angegeben, herstellen, verwenden Sie statt Fotokarton besser Tonpapier. Der Fotokarton bekommt Knicke, wenn er zu eng zusammengebogen wird.

Andere Streifenbreiten und Längen ergeben andere Tütenformen, so dass Sie daraus ohne weiteres Kränze mit mehr oder weniger Zacken arbeiten können. Experimentieren Sie doch einfach mal!

Finnischer Flechtstern

Auch Nicht-Finnen wird dieses filigrane Schmuckstück viel Freude machen.

Material

- *12 Fotokartonstreifen, 1,5 cm breit und ca. 30 cm lang*
- *weicher Bleistift*
- *Klebstoff*
- *Zahnstocher*
- *Büroklammern*

So wird's gemacht

Dieser Flechtstern besteht aus zwei gleichen Hälften.

1. Schritt
Markieren Sie mit weichem Bleistift auf zwei Streifen die Mitte. Den ersten Streifen davon senkrecht hinlegen, Streifen 2 waagerecht mittig genau rechtwinklig verkleben.
Während das Kartonkreuz trocknet, arbeiten Sie die zweite Hälfte des Sterns. Verfahren Sie weiter so, dass Sie die Trocknungszeit des ersten Sternteils immer dazu nutzen, den zweiten Teil zu basteln.

2. Schritt
Streifen 3 links und Streifen 4 rechts parallel zum senkrechten ersten Streifen mit ca. 0,3 cm Abstand auf den waagerechten Streifen kleben.

3. Schritt
Sie flechten nun Streifen 5 und 6 ober- und unterhalb des waagerechten ersten Streifens mit gleichem Abstand ein. Nachdem Sie dieses Flechtkreuz exakt ausgerichtet haben, verkleben Sie alle Kreuzungspunkte. Jeder Streifen hat drei Kreuzungspunkte. Dies geht am saubersten, wenn das Kreuz flach aufliegt, Sie ein Streifenende anheben und vorsichtig mit einem Zahnstocher eine geringe Klebstoffmenge auf die Klebestelle bringen.
Alle Enden müssen jetzt genau gleich weit aus dem Kreuz herausstehen. Unbedingt nachmessen und an das kürzeste Ende angleichen.

4. Schritt
Die gewölbte Zacke entsteht, indem Sie jetzt die äußeren im rechten Winkel zueinander liegenden Enden vorsichtig nach hinten biegen, und die Spitze erhalten Sie, wenn Sie die Enden jeweils rechtwinklig aufeinander kleben. Achten Sie bei den nächsten Zacken darauf, dass jeweils der rechte Streifen gleich wie bei der ersten Klebestelle – also oben oder unten – liegt. Das ergibt ein gleichmäßigeres Bild.

Nachdem Sie alle Zacken exakt ausgerichtet haben, kleben Sie die Zackenspitzen so zusammen, dass alle Enden ohne Überstand bündig an der Spitze abschließen. Die Klebestellen fixieren Sie mit einer Büroklammer, bis der Kleber angezogen hat. Dann schneiden Sie die Ecken und Überstände an der Sternspitze ab.

5. Schritt

Nun müssen beide Sternhälften zusammengefügt werden. Legen Sie dazu die Hälften um 45 Grad verdreht mit den gewölbten Seiten aufeinander. Der jeweils freie mittlere Streifen muss in die Öffnung der gegenüberliegenden Zacke eingeführt werden.

Tipp

Experimente mit kürzeren oder längeren Streifen bringen oft sehr hübsche Varianten. Um andere Größen herzustellen, rechnen Sie die Streifenbreite mal 20. Beispiel: Streifen 1,2 cm breit x 20 = 24 cm benötigte Streifenlänge.

Filigrane Sterne aus Tonpapier-streifen

Diese Sterne sind reizvoll anzusehen und nicht allzu schwierig anzufertigen. Allerdings sind sie wegen langer Trocknungsabschnitte etwas zeitaufwendig.

Achtstrahliger Stern

Material

- *Tonpapier*
- *selbstklebende Sternchen*
- *Weißleim*
- *Zahnstocher*
- *Aufhängefaden*
- *lange Nähnadel*
- *Büroklammern*
- *ein kleines Stück Plastikfolie*

So wird's gemacht

Je acht Tonpapierstreifen 6, 8, 10, 12, 14, 16 sowie 18 cm lang und 1,2 (oder 1,4 cm) breit zuschneiden. Die Längen müssen genau stimmen, die Schnittstellen am Ende genau im Winkel sein.
Alle Streifen mit scharfem Knick Ende auf Ende zusammenfalten.

Für jede Zacke eine der sieben gefalteten Längen ineinander schieben.

Halten Sie die Streifen hochkant auf der Arbeitsplatte und richten Sie alle Streifen an der offenen Seite genau am Ende aus, so dass ein sauberer Abschluss entsteht. Fixieren Sie das Streifenbündel kurz vorm Ende mit einer Büroklammer. Dann versehen Sie die Kante der Streifenenden gut mit Leim und arbeiten diesen mit einem Zahnstocher etwas in das Bündelende ein.

Wenn alle Zacken angefertigt sind, müssen Sie den Klebestellen unbedingt etwas Zeit zum völligen Trocknen lassen.

Vor dem Zusammenbau des Sterns formen Sie die Strahlen zu »Kerzenflammen«. Dazu halten Sie das geklebte Ende in einer Hand und drücken mit einem Finger der anderen Hand vorsichtig Faltkante in Faltkante zusammen. Wenn Sie jetzt loslassen, muss eine »Kerzenflamme« entstehen.

Alle so behandelten Zacken versehen Sie an der Bündelklebestelle nochmals mit Leim und setzen sie auf der Arbeitsplatte zu einem Stern zusammen. Eine gute Hilfe dabei leisten auf Papier gezeichnete Strahlen. Legen Sie unter die Klebestellen der Zacken ein kleines Stückchen Plastikfolie, weil der Stern sonst auf der Unterlage festkleben wird.

Der sich am Bündelende befindende Leim wird sich nach unten hin absetzen. Darum geben Sie nach etwa einer Stunde nochmals ein Tröpfchen Leim in die Mitte des Sterns. Wenn Sie dies gleich versuchen würden, würde der ganze Leim nach unten durchlaufen und auf der Unterseite einen kleinen See bilden.
Lassen Sie den Stern unbedingt wieder gut trocknen.

Der Aufhängefaden muss genau mittig im Grund zwischen zwei Strahlen angebracht werden. Fingerspitzen sind für diese Prozedur zu dick. Nehmen Sie deshalb das verknotete Fadenende auf eine längere Nadel und geben Sie wenig Leim daran. Indem Sie mit der anderen Hand eine kleine Lücke freihalten, bringen Sie den Faden möglichst genau mittig im Grund zwischen zwei Zacken an. Achten Sie darauf, dass Sie die Strahlen dabei nicht völlig verbiegen. Nachformen können Sie die Strahlen, indem Sie nochmals von oben her die einzelnen Zacken vorsichtig zusammendrücken.
Die Mitte des getrockneten Sterns decken Sie auf jeder Seite mit einem selbstklebenden Sternchen ab.

Tipp

Für diese Arbeit eignet sich nur Weißleim, weil dieser richtig hart wird. Transparente Kleber geben mit der Zeit nach und halten darum die Strahlen auf Dauer nicht in der richtigen Position.

Sternvarianten

Material

Wie auf Seite 35 angegeben.

So wird's gemacht

Stellen Sie die Sternzacken, so wie auf Seite 35 beschrieben, her.

Variante 1
Probieren Sie es zunächst einmal mit sechs Zacken. Hierbei bietet es sich an, den größeren Abstand zwischen den Zacken mit einer Perle oder einem Ring aus Fotokarton zu füllen.

Variante 2 (Abb. links)

Kleben Sie vier Zacken (»Kerzenflammen«) in vier Ringe aus Fotokarton, die Sie vorher aus 27 cm langen Tonpapierstreifen hergestellt haben, und fügen Sie die Ringe anschließend seitlich zusammen.
Kleben sie die Ringe auf keinen Fall auf Verdacht zusammen. Zeichnen Sie auf Ihre Arbeitsplatte oder ein Blatt Papier ein Kreuz und ordnen Sie die Ringe mit den eingeklebten Zacken darauf. Ist ein gleichmäßiges Bild entstanden, die ersten zwei Ringe nur ganz wenig auseinander schieben und mit einem Zahnstocher etwas Leim an einen Berührungspunkt zwischen den Streifen geben, gleich wieder zusammenschieben und andrücken. Benützen Sie am besten eine flache Pinzette, weil die Finger für so feine Arbeiten meist zu dick sind.

Variante 3

Sie können für die Zacken verschiedene Farben nehmen und somit einen wieder völlig anderen Effekt erzielen.

Variante 4 (Abb. oben)

Sie sind nicht an die vorgegebene Streifenzahl gebunden. Versuchen Sie Variationen, indem Sie die Zacken des Sterns aus nur vier oder fünf Streifen kleben. Bei acht Zacken bietet es sich an, abwechselnd unterschiedlich lange Zacken zu verarbeiten.

Variante 5

Auch der Abstand der einzelnen Spitzen in einer Zacke ist variabel. Schneiden Sie die Streifenlängen doch mal statt 2 cm länger werdend einmal auf 3 cm Längenunterschied zu.

Scherenschnitt-Faltstern

Ein Klassiker unter den Sternen ist der Scherenschnitt-Faltstern. Mit einfachen Einschnitten gelingt auch Kindern dieser Weihnachtsschmuck.

Material

- *Tonpapier oder Regenbogentonpapier*
- *Weißleim*
- *Aufhängefaden*
- *Nähnadel*
- *Stecknadeln*
- *ein Stück Styropor oder Schaumgummi*
- *ein Stück Plastikfolie*

So wird's gemacht

Die benötigte Streifenbreite ist 5 bis 6,5 cm, die Länge sollte 50 cm betragen. Eine feste Regel für die Streifenlänge gibt es allerdings nicht, denn je steiler Sie die äußere Zacke abschneiden, je kürzer kann der Streifen sein.

Zunächst muss der Streifen zu einer Ziehharmonika mit einer Streifenhöhe von ca. 1,5 cm gefaltet werden. Damit die Knicklinien richtig scharfkantig werden, können Sie mit einem Hilfsmittel arbeiten.
Sie besorgen sich eine etwa 12 cm lange scharfkantige Leiste (oder ein Brett) mit 1,2 bis 1,5 cm Dicke.

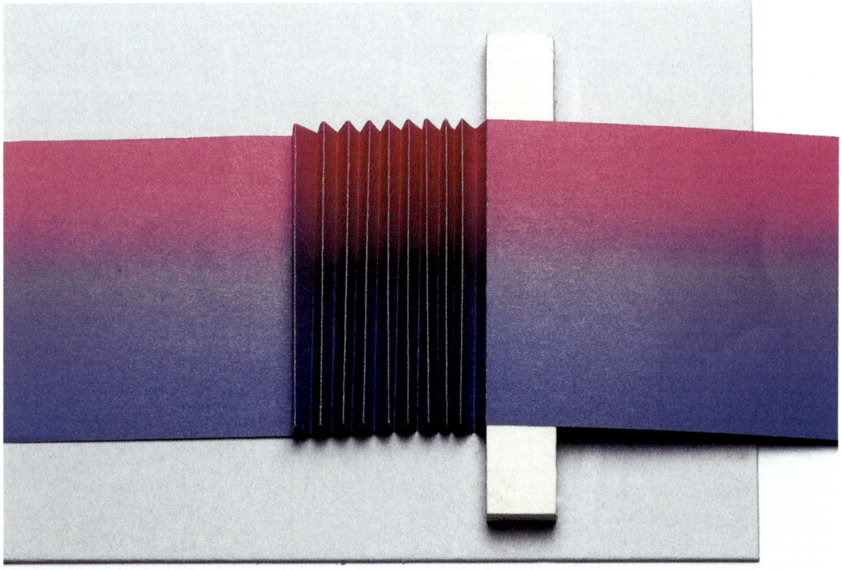

Kleben Sie das Holz auf eine Pappunterlage. Auf dieser Arbeitshilfe können Sie schnell und sicher die Ziehharmonika falten. Beginnen Sie in der Mitte des einmal gefalteten Streifens, indem Sie den Knick unten an der Leiste anlegen und zuerst die eine Seite über die Leistenkante knicken und dann die andere Seite. Beide Brüche dann scharfkantig ganz umlegen. So machen Sie weiter, bis die Ziehharmonika fertig ist.

Zeichnen Sie ein Scherenschnittmuster (Vorlagen dazu siehe Seite 43) auf die erste Falte des Papierbündels und schneiden Sie die ersten zwei Falten aus. Legen Sie dann die erste Falte auf die folgenden zwei Falten. Halten Sie das Bündel gut fest und schneiden Sie das Muster aus den nächsten Falten, bis auf diese Weise die ganze Ziehharmonika mit dem Muster versehen ist. Nehmen Sie als Schneidevorlage immer nur die erste Falte, weil sich durch gelegentliches Verrutschen beim Schneiden bis zum Ende ein verzerrtes Muster ergeben kann.

Legen Sie das beschnittene Papierbündel zu einem Ring zusammen und verkleben Sie die Enden. Nehmen Sie den Papierring und legen Sie ihn flach auf Ihre Arbeitsunterlage. Mit einigen Stecknadeln fixieren Sie den Stern so, dass in der Mitte nur ein winziges Loch

Tipp

Wenn Sie gut mit dem Cutter umgehen können und die nötige Kraft haben, das Papierbündel fest zusammenzuhalten, können Sie gleichzeitig mehrere Zacken einschneiden.

bleibt. In ein Stück Styropor oder Schaumgummi lassen sich die Nadeln sehr leicht einstechen. Damit der Stern später nicht auf der Unterlage festklebt, legen Sie ein Stück Plastikfolie zwischen Sternmitte und Unterlage.

Jetzt geben Sie ein Tröpfchen Weißleim auf das Zentrum. Der Leim wird etwas in die Mitte sickern und nach dem Aushärten den Stern zusammenhalten. Zur Sicherheit können Sie nach dem Trocknen auch von der Rückseite noch ein Tröpfchen Leim einfließen lassen.

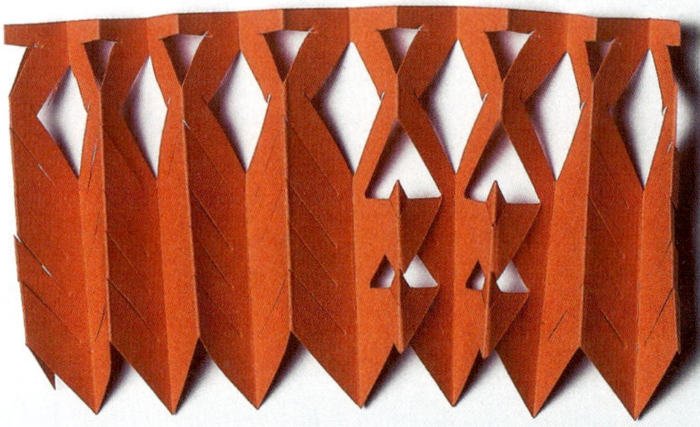

Nun müssen Sie nur noch den Aufhängefaden mit Hilfe einer Nähnadel an einem Zackenende anbringen und schon können Sie mit dem hübschen Stern einen Raum schmücken.

Eine interessante Variante, die aber etwas Fingerspitzengefühl verlangt, ist eine Technik des Verflechtens einiger Einschnitte.

Einige Einschneidebeispiele
von leicht bis schwer

Vorlage;
Kopiereinstellung 85 %

* = Vorlagen für die Variante
»Verflechten der Einschnitte«

Mehrschichtiger Strahlenstern

Diese vielstrahligen Sterne sehen aus wie kleine Sonnen. Sie werden Ihre Gäste bestimmt zum Nachbasteln animieren.

Material

- *Tonpapier*
- *selbstklebende Sternchen*
- *Aufhängefaden*
- *Klebefilm*
- *Nadel oder Zirkel*
- *Heftapparat*

Vorlage A

Vorlage B

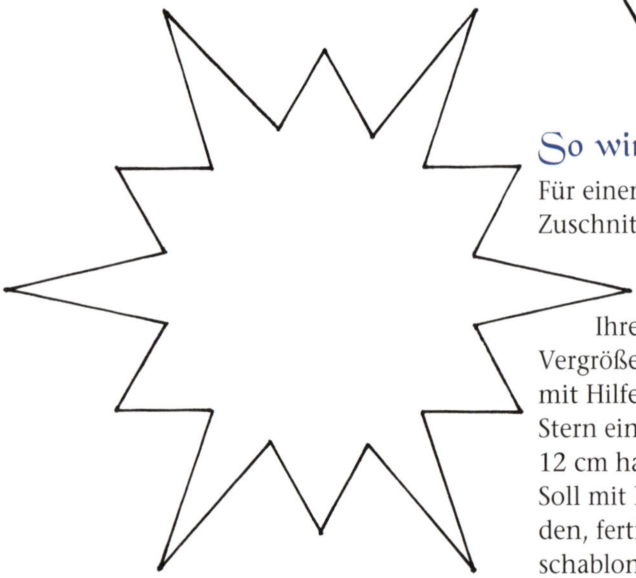

Kopiereinstellung 141%

So wird's gemacht

Für einen Stern werden vier gleiche Zuschnitte benötigt. Ob Sie einfarbige oder bunte Sterne arbeiten wollen, ist Ihrem Geschmack überlassen. Vergrößern Sie Vorlage A oder B mit Hilfe des Kopierers, so dass der Stern einen Durchmesser von etwa 12 cm hat.
Soll mit Kindern gearbeitet werden, fertigen Sie sich eine Kartonschablone an und zeichnen die Sterne einzeln zum Ausschneiden vor.

Wenn Sie mit dem Cutter schneiden, können Sie acht oder gar zwölf Zuschnitte gleichzeitig machen. Schneiden Sie zuerst die Tonpapierstücke quadratisch, mindestens 1 cm größer als Ihre Vorlage, zu. Kleben Sie, um ein Verrutschen der Blätter zu vermeiden, diese an den Ecken mit Klebefilm zu einem Päckchen zusammen. Legen Sie die Vorlage auf dieses Päckchen und stechen Sie mit einer Nadel oder Zirkelspitze die Endpunkte der Zacken durch. Das Ausschneiden erfordert etwas Geduld, aber die Gleichmäßigkeit der Zuschnitte belohnt Ihre Mühe.

Um den Stern zu montieren, werden vier Zuschnitte aufeinander gelegt und eine Mittellinie markiert.

Damit die Teile nicht verrutschen, heften Sie diese mit zwei Klammern auf der gezogenen Linie zusammen. Eleganter sieht es aus, wenn Sie mit großem Stich auf Ihrer Nähmaschine den Stern zusammensteppen. Nach dem Nähvorgang den Unter- und Oberfaden etwas länger ausziehen und die Fadenenden zum Aufhänger verknoten bzw. beim gehefteten Exemplar den Faden durch eine Klammer ziehen.

Tipp

Eine interessante Variante für Sterne nach Vorlage B erhalten Sie, wenn Sie die einzelnen Sternteile von kurze auf lange Zacke versetzt zusammenfügen.

Mosaikstern

Wie Mosaikplättchen fügen sich die einzelnen Teile zu einem wunderschönen Stern zusammen.

Material

- *Fotokarton*
- *Klebstoff*
- *Aufhängefaden*
- *Klebefilm*
- *Nadel oder Zirkel*

So wird's gemacht

Schneiden Sie einen gewissen Vorrat an Rauten- und Drachenformen in unterschiedlichen Farben zu.

Rauten erhalten Sie aus Kartonstreifen von 2 bis 3 cm Breite. Legen Sie auf diese Streifen ein genau gleich breites Stück Karton in beliebigem Winkel und markieren Sie die Seiten. Anschließend schieben Sie das Kartonstück genau eine Breite weiter, markieren wieder und fahren so fort, bis der Streifen verbraucht ist.

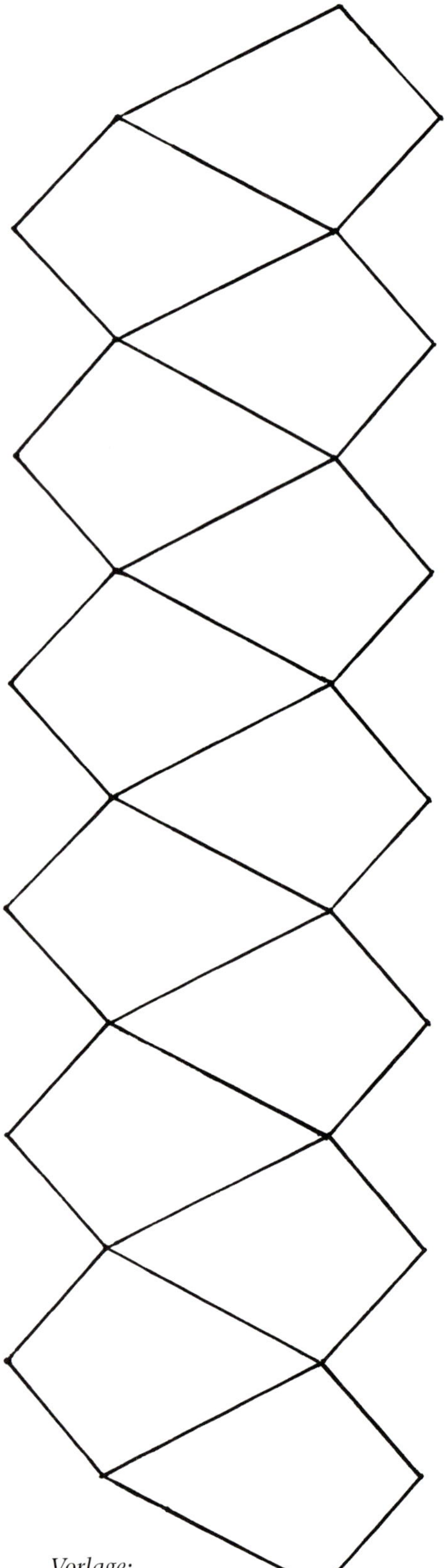

Kinder schneiden diese Formen mit der Schere zu. Wenn Sie den Cutter benützen wollen, können Sie drei oder vier Streifen auf einmal schneiden. Damit die Streifen nicht verrutschen, die Enden gut mit Klebefilm fixieren.

Drachenförmige Sternstrahlen sehen interessanter aus als rautenförmige, sind aber etwas schwieriger zu schneiden.
Wenn Sie diese nicht selbst zeichnen möchten, kopieren Sie sich die Vorlage links auf etwa 30 cm Länge. Stechen Sie die Eckpunkte der Drachenform mit einer Nadel oder Zirkelspitze in den gewünschten Kartonstreifen ein. Dann können die Teile mit Cutter und Lineal gut geschnitten werden.
Soll mit der Schere geschnitten werden, ist es besser die Linien vorher mit Lineal und Bleistift vorzuzeichnen.

Legen Sie die Sternstrahlen nach Ihren Vorstellungen zusammen.

Zeichnen Sie als Hilfsmittel auf Ihrer Arbeitsunterlage ein Montagekreuz und richten Sie die Formen auf diesen Linien genau aus. Wenn Ihnen die Anordnung der Teile gefällt, kleben Sie das Muster zusammen.

Tipp

Auch auf einem Ring aus goldfarbenem Fotokarton sehen drachenförmige Sternstrahlen gut aus.

Vorlage;
Kopiereinstellung 141 %

Sternenkinder-Reigen

Mutter Stern hat ihre Kinder um sich versammelt. Sie schmiegen sich dicht an oder zappeln auf ihren Strahlen herum.

Material

- *Fotokarton*
- *Aufhängefaden*
- *Klebefilm*
- *Nadel oder Zirkel*

So wird's gemacht

Um diesen Stern nachzuarbeiten, fertigen Sie zunächst eine Kopie der Vorlage mit einem Durchmesser von etwa 12,5 cm Größe an. Sie benötigen für einen Stern einmal den großen und sechsmal den kleinen Stern aus der Mitte der Vorlage.

Den Karton, aus dem Sie den Stern arbeiten wollen, schneiden Sie quadratisch, etwa 1 cm größer als die Kopie der Vorlage, zu. Gleichzeitig für die kleinen Sterne noch

Vorlage; Kopiereinstellung 160 %

sechs weitere Quadrate mit jeweils ca. 6 cm Seitenlänge vorbereiten. Stechen Sie die Eckpunkte des Mustersterns mit einer Nadel oder Zirkelspitze auf den Karton durch. Soll mit der Schere ausgeschnitten werden, zeichnen Sie die Zacken mit Lineal und Bleistift vor, indem Sie die durchgestochenen Eckpunkte miteinander verbinden. Schneiden Sie mit dem Cutter, können zwei oder drei Sterne auf einmal zugeschnitten werden.
Um ein Verrutschen beim Schneiden zu vermeiden, die Teile an den Ecken mit Klebefilm zusammenhalten.
Da die Einstechpunkte genau in der Schnittkante liegen, verschwinden sie, wenn durchgeschnitten wird. Sie wissen dann nicht mehr, wo der Endpunkt für den zweiten Schnitt der Zacke liegt. Darum markieren Sie die Einstechpunkte vorher.

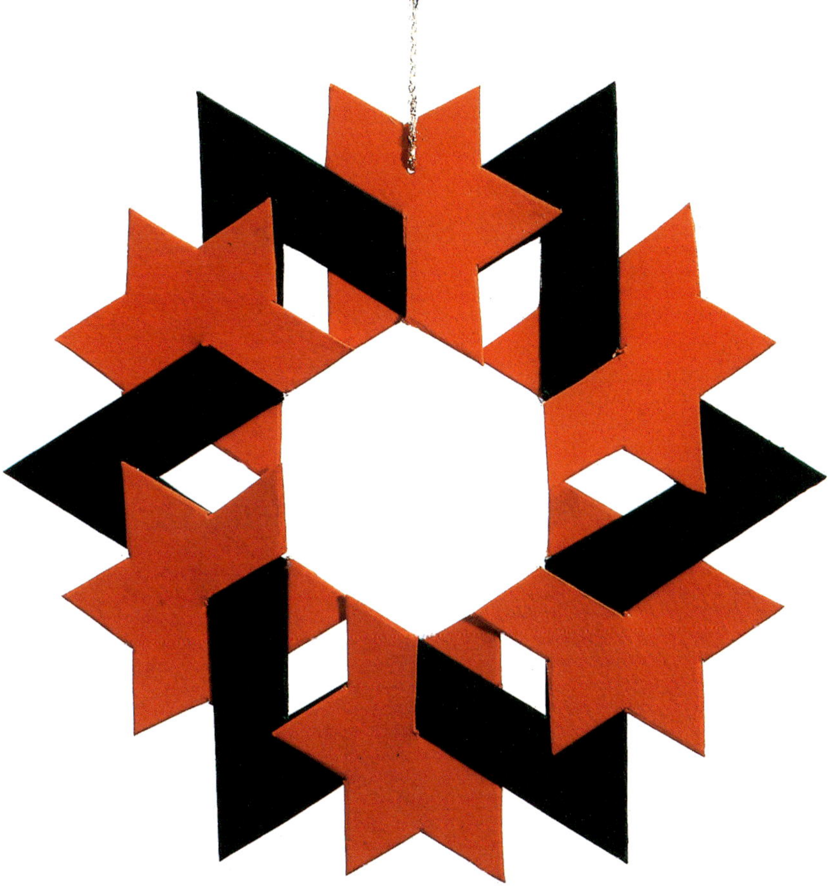

Es genügt nicht, die Kerbe im kleinen Stern nur einzuschneiden. Er lässt sich dann nicht rechtwinklig auf den Mutterstern kleben. Es muss ein ganz schmaler Spalt eingeschnitten werden, damit die Kartonstärke hineinpasst.

Zackenstern

Aus der einfachen Grundform entstehen interessante Sternvarianten. Auch Kinder werden Spaß beim Ausschneiden und Zusammensetzen haben.

Material

- *Fotokarton*
- *selbstklebende Sternchen*
- *Klebstoff*
- *Aufhängefaden*
- *Nadel oder Zirkel*

So wird's gemacht

Die Vorlage vergrößern Sie auf das angegebene Maß; es eignen sich aber auch andere Durchmesser. Wenn Kinder mitbasteln, ist es besser, die Vorlage auf etwa 15 cm Durchmesser zu vergrößern.

Übertragen Sie mit einer Nadel oder Zirkelspitze die Eckpunkte der Zacken auf den Karton.
Wird mit der Schere ausgeschnitten, verbinden Sie die Eckpunkte der Zacken vorher mit Lineal und Bleistift. Schneiden Sie mit dem Cutter aus, kann darauf verzichtet werden.

Der Stern kann einzeln verwendet oder in zwei unterschiedlichen Farben hergestellt werden, wobei die beiden Sternenteile dann versetzt aufeinander geklebt werden.

Mit selbstklebenden Sternchen lassen sich die Zacken verzieren. Eine schöne Variante ergibt sich, wenn Sie aus jeder Zacke, parallel zur Außenkante, eine Drachenform herausschneiden.

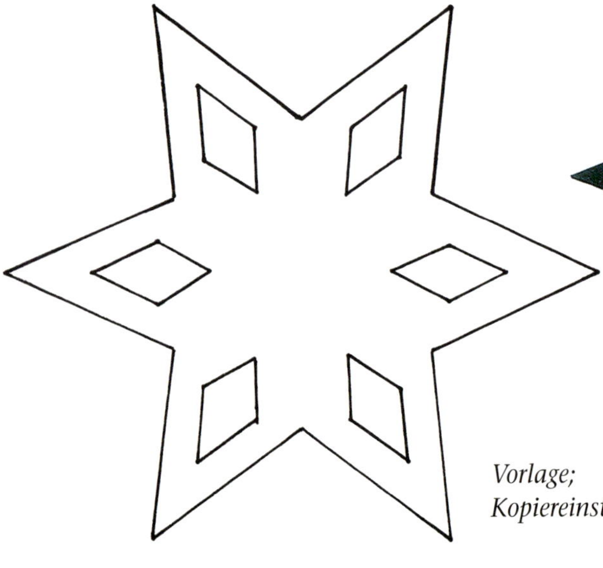

Vorlage; Kopiereinstellung 180 %

Diabolo-Stern

Bei dieser ineinander verschachtelten und farblich verdrehten Form steht der Betrachter vor einem Rätsel, wie der Stern entstanden sein könnte.

Material

- *Fotokarton oder Tonpapier (auch regenbogenfarben)*
- *Aufhängefaden*
- *Cutter*
- *Klebefilm*
- *Nadel oder Zirkel*
- *Nähmaschine*

Vorlage; Kopiereinstellung 180 %

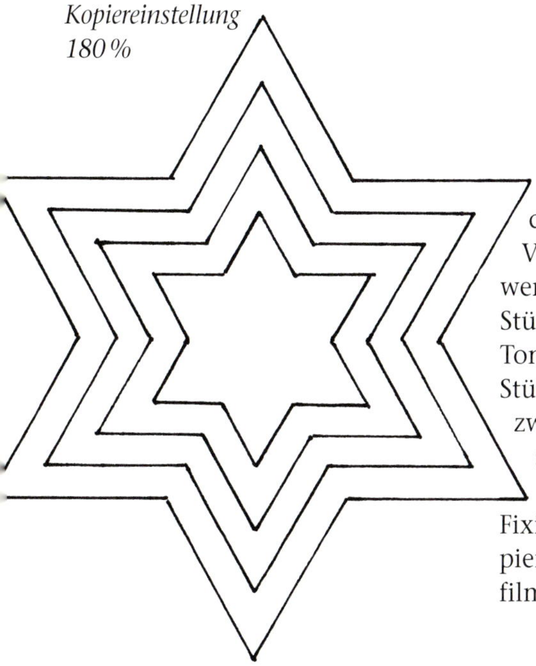

So wird's gemacht

Dieser Stern lässt sich nur mit dem Cutter schneiden und sollte mindestens einen Durchmesser von 15 cm haben.
Sie benötigen für einen Stern zwei farblich unterschiedliche Stücke des von Ihnen bevorzugten Materials. (Natürlich können Sie auch Regenbogen-Fotokarton verwenden, in den bereits mehrere Farben integriert sind.)

Die Kartonstücke müssen mindestens 1 cm größer sein als Ihre Vorlage. Falls Sie Fotokarton verwenden, können Sie nur zwei Stücke gleichzeitig schneiden, bei Tonpapier geht es auch mit vier Stücken; dann haben Sie gleich zwei Sterne auf einmal zugeschnitten.

Fixieren Sie die Karton- oder Papierstücke an den Ecken mit Klebefilm. Legen Sie Ihr Muster auf diese Lage und stechen Sie die Eckpunkte der Zacken mit einer Nadel oder einer Zirkelspitze durch.
Schauen Sie sich die Nadelmarkierungen an. Wenn Sie Schwierigkeiten haben, den Zackenverlauf zu erkennen, zeichnen Sie mit Bleistift den äußeren Rand nach. Die Kanten der inneren Sterne liegen immer parallel zu den Außenkanten.

Nun werden die fertig ausgeschnittenen Sterne auf der Nähmaschine

zusammengefügt, was nicht ganz einfach ist. Hier hilft ein kleiner Trick: Auf jeder Seite der Naht schneiden Sie eine Zackenreihe noch nicht mit dem Cutter aus.

Nehmen Sie zwei Zuschnitte, markieren Sie die Mittelnaht und steppen Sie den Stern zusammen. Fadenanfang oder -ende werden zum Aufhängen verwendet. Jetzt machen Sie die letzten Einschnitte.

Zum Schluss klappen Sie die einzelnen Zacken auf und formen den Stern.

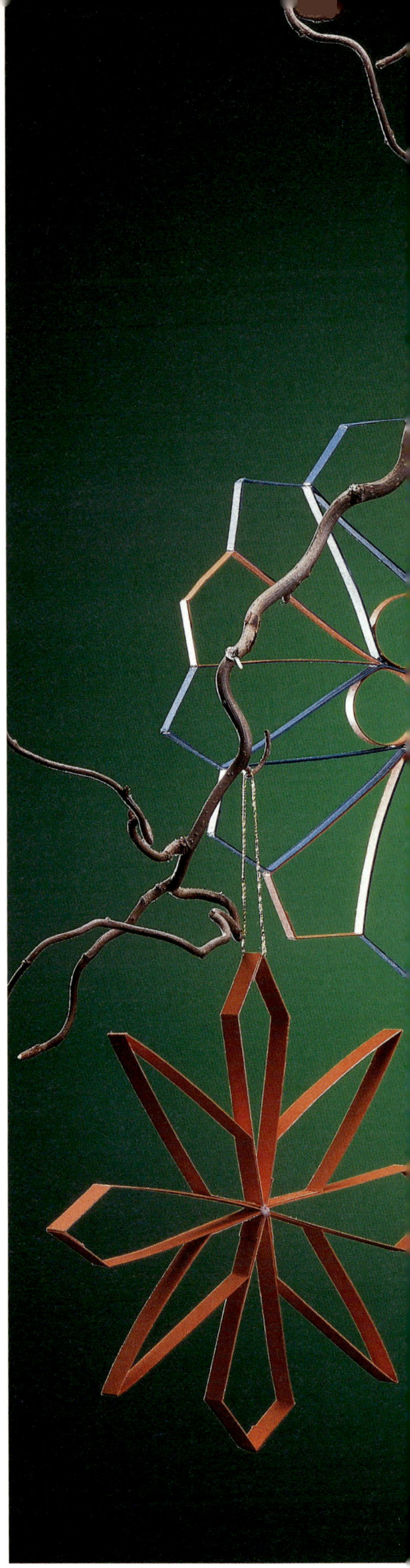

Blumensterne

So farbenfroh und verschiedenartig wie Blumen sehen diese filigranen Sterne aus. Sie können das ganze Jahr über als Dekorationsstücke eingesetzt werden.

Material

- *Fotokarton (auch regenbogenfarben)*
- *Klebstoff*
- *Aufhängefaden*
- *eventuell einige Perlen, 10 oder 12 mm Durchmesser*
- *Klebefilm*

So wird's gemacht

Dieser Stern kann in jeder beliebigen Größe hergestellt werden. Die abgebildeten Muster sind alle aus 20 cm langen und 1,1 cm breiten Streifen gefertigt.

Da für einen Stern immer etliche Zacken benötigt werden, müssen diese absolut gleich gefaltet sein. Schneiden Sie sich drei oder vier Fotokartonstücke genau 20 cm breit und etwa 30 cm lang zu. In jedes dieser Stücke ziehen Sie mit der Spitze des Scherenrückens oder einem Falzbein eine exakte Furche. Die Abstände der Furchen betragen von einer 30-cm-Kante des Kartons aus gemessen 2,5 cm, 9,5 cm, 16,5 cm und 19 cm.
Fixieren Sie die Fotokartonstücke mit Klebefilm so, dass ein Päckchen entsteht.
Jetzt schneiden Sie sich mit dem Cutter einen Vorrat an Streifen.

Anschließend knicken Sie jeden Streifen an den gefalzten Linien und verkleben ihn zu einer Drachenform. Dabei immer die kurze Lasche nach innen legen.

Aus den Drachenformen setzen Sie jetzt einen Stern zusammen. Ein auf Ihre Arbeitsunterlage gezeichnetes Montagekreuz erleichtert Ihnen die »Puzzle-Arbeit« sehr.

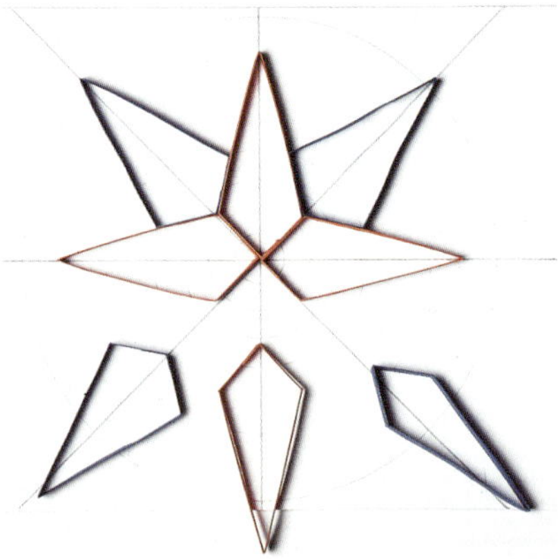

Es gibt unendlich viele Gestaltungsmöglichkeiten. Erst wenn Ihnen »Ihr Stern« gefällt, verkleben Sie die Teile miteinander. Achten Sie darauf, dass die aneinander stoßenden Seiten an den Ecken immer sauber nebeneinander liegen. Wenn Sie möchten, kleben Sie noch einige Perlen oder Kartonringe in den Stern.

Tipp

Büroklammern zum Fixieren der Klebestellen sind sehr hilfreich.

Seesterne

Die Seesterne unserer nördlichen Meere haben fast immer fünf Arme. In anderen Weltmeeren kommen Arten mit drei bis zu beinahe unendlich vielen Armen vor. Zu einem großen Familientreffen finden sich hier Exemplare von überallher ein.

Material

- *Tonpapier oder Regenbogentonpapier*
- *einige kleine Perlen*
- *Weißleim*
- *Aufhängefaden*
- *ein Stück Schaumgummi oder Styropor*
- *Stecknadeln*
- *ein Stück Plastikfolie*

So wird's gemacht

Stellen Sie zunächst nach der Anleitung der Scherenschnitt-Faltsterne (siehe Seite 40) aus einem 6 cm breiten Streifen Tonpapier eine Ziehharmonika mit ca. 1 cm Streifenhöhe her.
Schneiden Sie von dieser Ziehharmonika einige Falten ab. Ziehen Sie auf die erste Falte eines Papierpäckchens mit dem Bleistift eine schräge Linie. Lassen Sie dabei jeweils links und rechts am Streifen einen Abstand von ein paar Millimetern, damit die Teile nach dem

Lockensterne

Diese Sterne wirken am besten in der Masse. Sie sind recht einfach zu arbeiten. Auch Kinder werden sich nicht lange nötigen lassen, beim Basteln mitzumachen.

Ausschneiden nicht auseinander fallen (siehe Bild).

Verkleben Sie die Enden der ausgeschnittenen Zacken miteinander und breiten Sie die Zacken auf Ihrer Arbeitsunterlage aus. Wenn sich die Zacken nicht flach hinlegen lassen, ist das die Spitzen zusammenhaltende Ende des Streifens zu breit. Nur etwas schmäler schneiden und schon klappt es.

Fixieren Sie die Zacken mit Stecknadeln auf der Unterlage, geben Sie ein Tröpfchen Weißleim in die Mitte und kleben Sie gleich noch eine kleine Perle mit ein. Auf einem Stück Schaumgummi oder Styropor erleichtern Sie sich das Fixieren. Damit der Stern nicht auf der Unterlage festklebt, schieben Sie ein Stück Plastikfolie zwischen Sternmitte und Schaumgummi.

Wenn der Leim getrocknet ist, brauchen Sie nur noch den Aufhängefaden anzubringen.

Tipp

Aus anderen Streifenbreiten und größerer Faltenzahl können Sie schnell und einfach eine Unmenge verschiedener Seesterne zaubern.

Material

- *Fotokarton*
- *Klebstoff*
- *Aufhängefaden*
- *Klebefilm*
- *Nadel oder Zirkel*
- *Stricknadel oder Schaschlikstäbchen*

So wird's gemacht

Kopieren Sie die Vorlagen, die Sie nacharbeiten möchten. Der Durchmesser von Lockenspitze zu Lockenspitze sollte etwa 10 bis 12 cm betragen.

Für jeden Stern benötigen Sie zwei Zuschnitte, die Sie am besten in unterschiedlichen Farben herstellen.

Wollen Sie mit Kindern die Sterne basteln, fertigen Sie sich eine Schablone aus Karton, damit Sie schnell jede Menge Sterne vorzeichnen können.
Wenn Sie mit dem Cutter schneiden wollen, legen Sie die Kopie des Sterns auf den Karton und stechen

die Endpunkte der Strahlen mit einer Nadel oder Zirkelspitze durch. Sie können dann mindestens zwei, mit etwas Übung auch gleich vier Zuschnitte gleichzeitig herstellen. Damit die Kartonstücke beim Schneiden nicht verrutschen, kleben Sie die Ecken mit Klebefilm zusammen.

Als Nächstes kleben Sie zwei Sternenhälften versetzt aufeinander und fügen dabei den Aufhängefaden gleich mit ein.

Die Locken wickeln Sie über eine dicke Stricknadel oder ein Schaschlikstäbchen.
Natürlich können Sie die Locken auch vor dem Zusammenkleben aufwickeln.

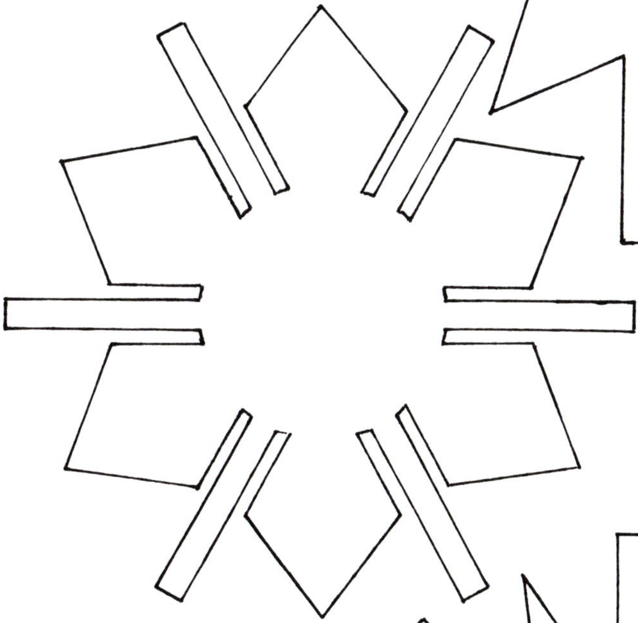

Vorlage; Kopiereinstellung 120 bis 140 %

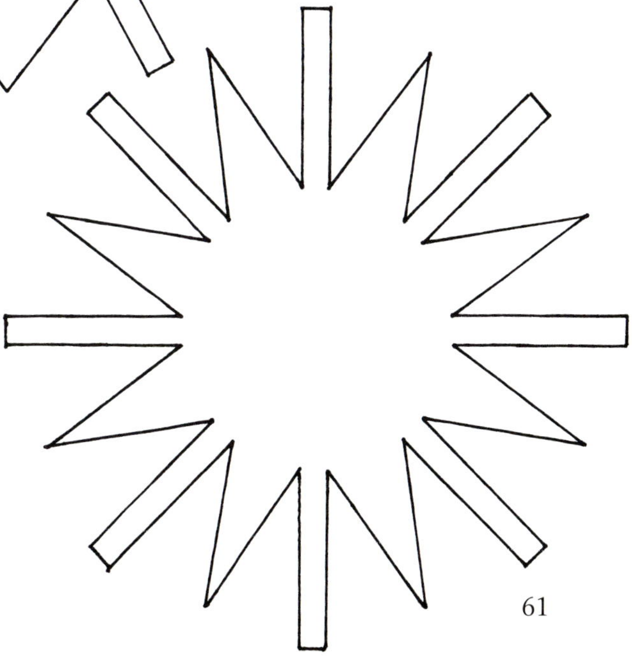

Tipp

Selbstklebende Sternchen geben den Lockensternen das gewisse Etwas.

**Bibliografische Information
Der Deutschen Bibliothek**
Die Deutsche Bibliothek verzeichnet diese Publikation in der Deutschen Nationalbibliografie; detaillierte bibliografische Daten sind im Internet über http://dnb.ddb.de abrufbar

Fotografie: Klaus Lipa, Diedorf bei Augsburg
Lektorat: Susanne Gugeler, Mering
Umschlagkonzeption: Zero Werbeagentur, München
Herstellung: Melanie Gradtke
Layout: Anton Walter, Gundelfingen

Satz: Gesetzt aus 10 Punkt Stone Serif von DTP-Design Walter, Gundelfingen
Reproduktion: GAV-Prepress, Gerstetten
Druck und Bindung: Appl, Wemding

Gedruckt auf 115 g umweltfreundlich chlorfrei gebleichtem Papier.

ISBN 3-426-66931-5

Printed in Germany

Bitte besuchen Sie uns im Internet:
www.droemer-knaur.de

Weitere Titel aus dem Bereich Kreativ finden Sie im Internet unter:
www.knaur-kreativ.de